इंद्रप्रस्थ
के
काश-पुष्प

इंद्रप्रस्थ के काश-पुष्प

कांतेश मिश्र

प्रकाशक
प्रभात प्रकाशन प्रा. लि.
4/19 आसफ अली रोड, नई दिल्ली-110002
फोन : 011-23289777 • हेल्पलाइन नं. : 7827007777
इ-मेल : prabhatbooks@gmail.com ❖ वेब ठिकाना : www.prabhatbooks.com

संस्करण
2025

पेपरबैक मूल्य
तीन सौ रुपए

मुद्रक
आर-टेक ऑफसेट प्रिंटर्स, दिल्ली

———— ★ ————

INDRAPRASTH KE KASH-PUSHP
Poems by Shri Kantesh Mishra

Published by **PRABHAT PRAKASHAN PVT. LTD.**
4/19 Asaf Ali Road, New Delhi-110002

ISBN 978-93-90372-33-1

₹ 300.00 (PB)

स्मृतिशेष पितामह **पं. रामसुंदर मिश्र**

एवं

स्व. जनार्दन मिश्र को समर्पित,

जिनके संघर्ष के बारे में केवल सुना था।

एक छोटा संवाद

एक कविता कितनी दूर जा सकती है ? कभी-कभी तो मेरी चौखट पर ही दम तोड़ देती है। मन में एक अपराध-बोध लिये सो जाता हूँ। पता नहीं क्यों, भोर में फिर एक नया विचार मन में फूटता है। दिन और रात का अंतर समाप्त भी हो जाता है। पर शेष नहीं होती शब्दों की आँख-मिचौनी।

अभी चार पंक्तियाँ ही लिखी हैं और प्रतिपल असंख्य भावनाएँ हमारे-आपके मन में जन्म ले रही हैं और हर क्षण एक नई कविता उत्पन्न हो रही। वस्तुतः कविताओं का संसार अनंत है।

कितनी आश्चर्य की बात है कि एक छोटे से मन में असंख्य भाव उमड़ते-डूबते हैं। एक नन्हे नयन में बड़े-बड़े स्वप्न रच-बस जाते हैं। कैसी भी परिस्थिति में यह अधिकार हमसे कोई नहीं छीन पाता। यही विचार इस पुस्तक की आत्मा है।

अब तक की जीवन-यात्रा में कई नदियों का पानी पिया है। बिहिया, आरा, पटना, आसनसोल, शांतिनिकेतन, कोलकाता, सुंदरगढ़ व बाँकुड़ा, इन सभी स्थानों से गहरी आत्मीयता रही है। इन समस्त को जोड़ता एक महीन धागा इंद्रप्रस्थ और इसके काश-पुष्प।

आपकी आलोचना व सुझाव हमेशा मार्गदर्शन करते हैं। अतः प्रतीक्षा रहेगी।

सादर

शक संवत् पौष 8, 1942

—कांतेश मिश्र

पाटलिपुत्र

यात्रा आरंभ से पूर्व...

पराजय और विजय के
गंभीर पक्के रास्तों से दूर

ओ मेरे शिव!
प्रशस्त करना
वह कच्ची राह
जहाँ थककर थोड़ा
सुस्ता सकूँ
अपने पैरों के छालों पर
मुसका सकूँ

अनुक्रम

एक छोटा संवाद *7*

यात्रा आरंभ से पूर्व... *9*

1. दशरथ माँझी 15
2. परास्त योद्धा 16
3. दौड़ना दृढ़ तप 17
4. कर्ण 18
5. अपनी गति से मैं बूढ़ा हो रहा हूँ 19
6. दोगुना 21
7. तिरस्कृत 22
8. बूढ़ा चाँद 24
9. प्रेम के आकार 26
10. अपेक्षा और प्रतीक्षा 27
11. पलाश सा प्रेमी 29
12. शहर और मैं 31
13. वनघास और वनफूल 33
14. भविष्यवाणी 35
15. तिरस्कृत–2 36
16. याचना 38
17. क्वारंटाइन 40
18. प्रेमी शहतूत की डाल पर 42

19. कद में थोड़ा छोटा मैं 44
20. मन का टुकड़ा 45
21. सिर्फ हमारी सुबह 46
22. अंतिम मुक्ति 48
23. याचना–2 50
24. घर 52
25. बंदूक और कलम 54
26. मेंड़ नोमेंस लैंड 55
27. विचित्र युद्ध 57
28. पत्तल 58
29. फतिंगा 60
30. केशव का न्याय 62
31. प्रेम का रास्ता 65
32. अमरत्व की खोज में 67
33. पताहीन पत्र 69
34. किनारे का धान 71
35. सुरक्षित धूप 73
36. ठूँठ 75
37. घाटी में धूप 77
38. पहाड़ी 79
39. नमी 81
40. पतली राह 83
41. चीनी मिल 85
42. डेजा वू 86
43. रिक्त स्थान 88
44. दूरी 90
45. समर्पण 92
46. पोत 94

47. अंतिम यश 96
48. अंतिम विदा 98
49. वीरांगना मातंगिनी हजरा 99
50. उसका शहर 101
51. प्रेमियों की गति 103
52. अच्छी रचना 104
53. दंड 105
54. रात और दिन 107
55. रास्ते में टूटा 109
56. आदर्श ब्रह्मांड 110
57. आधी नींद में 111
58. तुम थे स्याही में 113
59. क्या बना ? 114
60. चोरी 116
61. तुम्हारा शहर 117
62. नया संसार 119
63. लोहे के पुल 120
64. आज के बच्चे 121
65. अच्छे और बुरे 123
66. सेंसस 125
67. हाँ और न के बीच 127
68. शब्दों का स्वेटर 128
69. निरर्थक 129
70. मैं कब मारूँ उस दुर्योधन को 130
71. पछया हवा 132
72. ब्लैक होल 134
73. कोलाहल 135
74. भूख 137

75. गुब्बारा 138
76. हताशा पर विजय 139
77. माँ 141
78. छोटा 143
79. प्रेम और विद्रोह 145
80. कल एक वृक्ष कटा 146
81. एक नन्हा सा स्वप्न है 147
82. प्रेम 148
83. जीवन 149
84. चैत में महुआ बीनते हुए... 150
85. प्यारी गौरैया 151
86. सत्य विजय 152
87. चैन कहाँ है ? 153
88. केवल प्रार्थना में... 154
89. घर के मोह में 156
90. दिग्विजय से कोसों दूर 158
91. प्राचीन या नवीन 159
92. प्रार्थना 160
93. वृक्ष और नगर 161
94. घर लौट सकूँ 162
95. हार के उस पार 163
96. तैंतालीस का अकाल 165
97. इंद्रप्रस्थ के काश-पुष्प 166

1
दशरथ माँझी

क्रूर काली उस रात में
थोड़ा थका जरूर था
एक निमिष में कई जीवन जिया
किंतु प्रति क्षण तुमसे ही जुड़ा रहा

बरसते शैल चट्टानों से
थोड़ा डरा जरूर था
एक शब्द में झरते अनेक अर्थ
परंतु हर अर्थ के सारांश में थे तुम

गरजते घाटी में
शोर से घिरा जरूर
पर लक्ष्य से एक पग भी डिगा नहीं
मैं रहा सब बंधन से मुक्त

समस्त अवरोधों से उदासीन
अंत-अंत तक डटा रहा
मैंने वह शिखर पार किया बस सोचकर
मैं अकेला नहीं हूँ।

□

2
परास्त योद्धा

युद्ध से परास्त हो
जब-जब मैं लौटा
घर नहीं किया मन जाने का
न किसी से क्लेश बतियाने का
क्या लाभ?
वे कूटनीतिक प्रलाप करेंगे
अंततः मुझे वे कणिक त्रुटियों के लिए ही लज्जित कर देंगे

मेरे पास विकल्प था, मैं अश्रुनीर से स्नान कर सकता था
अथवा बार-बार सांत्वना के काव्य-ग्रंथ वाचने का
या किसी साथी-संगी से मन भर बतियाने का
या मिथ्या इतिहास समझकर ही भूल जाऊँ
मैं काशी जाकर क्षमा-याचना भी कर सकता था

इतने रास्तों के बाद भी मैंने केवल अपने मौन से संवाद किया
युद्ध नहीं करना कभी विकल्प नहीं रहा
मौन के नए-नए रूप को पहचानता गया
युद्ध के परिणाम सदैव अर्थहीन जाना।

□

3
दौड़ना दृढ़ तप

दौड़ना दृढ़ तप है
एक उच्चस्थ ध्यान
एक चिरायु स्तुति से कम नहीं
गतिवान होते समय
हर्ष और शोक का कारण मिट जाता है
जब हम दौड़ते हैं,
सभी श्रेष्ठता शून्य प्रतीत होती
किसी उत्कृष्टता की कामना नहीं रहती
हर विकार जो हमें तुच्छ रखना चाहता,
कहीं पीछे छूट जाता है।
और जो बचा रहता,
हर परिस्थिति हेतु स्वीकार्य होता है।

□

4
कर्ण

पार्थ आज रुका नहीं
खींच दी प्रत्यंचा
चढ़ाकर अमोघ बाण

कौंतेय घिरा, किंतु दुविधा में
श्रेष्ठ धनुर्धर का ऐसे होना था पटाक्षेप
अपयश का आलिंगन क्यों करे वह
द्रोण-शिष्य है आज व्यग्र

उधर अधीर होकर महारथी कर्ण
संघर्षों का चरमोत्कर्ष निकट भाँप
याद किया जब प्रथम बार धनुष छुआ
तीर के धार को स्पर्श किया था
प्रथम लक्ष्य भेद से भी बहुत पहले
उसके स्मरण में भरे पड़े हैं
केवल बाणों की तीक्ष्णता।

□

5
अपनी गति से मैं बूढ़ा हो रहा हूँ

बुढ़ापे में धूप थोड़ी तेज लगती है
हलकी पुरवाई में जोड़ की पीड़ा
असहनीय हो जाती है
राग रंग का यह संसार धीरे-धीरे
अदृश्य होने लगता है
अनावश्यक प्रतीत होते हैं स्वाद-गंध
जरा के चौखट पर यश-अपयश
ज्ञान-मूढ़ता में अंतर मिट जाता है
संपूर्ण प्राण जीकर भी
लोक-विधान की उत्कंठा अतृप्त ही रही
जीवन के दक्षिणायन में भी
अपरिमित शेष रहा जीने के लिए

ये समस्त यदि दुःख हैं, तो उन्हें
दुःख समझ के ही भोगूँगा
वृद्धत्व के चरम पर भी
हे शिव!
स्मृति के एक अंश में ही सही कहीं,
किंतु चिह्नित रहे सावधि जमा

दीर्घकालिक बचत की तरह
वह मृदु मुसकान जो मैंने अर्जित किया
अपनी मुसकान के बदले।

□

6
दोगुना

जीवन के अंकगणित में
घटाना कठिन,
जोड़ना सरल पाया।

जोड़ के इस मोह ने
मुझे दोगुना ही करना
सिखाया।

वह एक बार हँसता
मैं दो बार मुसकराती।

आता पास वह एक डेग
मैं दो कदम बढ़ाती।

ताकता वह एक बार
मैं नयन दो बिछाती।

एक हिसाब किंतु
मैं सीख न पाई
उसने प्रेम किया दो बार
मैं एक ही बार कर पाई।

□

7

तिरस्कृत

रंग सभी ने चुन लिया अपना-अपना,
बगीचा नहीं चुन सका
अपना प्रिय रंग
किसी चुनाव से अनभिज्ञ
पुष्प है मनाता उल्लास
पल्लव संग

तितलियों ने चुना था पिछले
वसंत में मुझे
किसी प्रेयसी ने क्यों नहीं चुना
है समझ के परे।

तुम मुझे चुन लेना इस बार
मैं खिला हूँ देर तक
अवसर मिले उन्हें भी जो
रंग नहीं किसी के प्रियवर

कोई चुने न चुने, हवा के कण
चुनते प्रतिदिन हमें

सबसे रुष्ट क्षणों में भी
आलिंगन देती हैं किरणें

रंग उतरने के पल
दूर हैं अभी
सत्य परखने को हैं
अधीर सभी।

□

8

बूढ़ा चाँद

बचपन में देखा एक बूढ़ा चाँद
हँसता हुआ बेपरवाह सा
हर रास्ते पर चलने की सीख देता
आकाश इतना बड़ा, फिर भी
दिशा एक चुन लिया उगने का

जीवन में कई रूप बदलते देखे
धूप में भी बादल बरसते
अँधेरे में बूढ़ा चाँद तब भी है हँसता
ठहाकों में क्या कोई गाँव बसता ?

घर से बगीचा मील जीतना तो नहीं
नागफनी की नदी बहती बीच में
गूलर के फल पसरे पग-पग उधर
जाना वहाँ वह गुप्त मंत्र सीख के

कीड़ों का झुंड कलरव करेगा
कूड़ों का पहाड़ ऋण भरेगा
नृत्य करते अनल रच देगा षड्यंत्र
उड़ेंगी काली करतूतें अनंत

छल भरेगा दिशाओं का रूप
एक दिन बढ़ गया माया का
विहंग है नायक पहली पटकथा में
साँझ व्यस्त होंगे उनकी पता में

बहेगा रात की बरखा में निराशा
हो जाएगा मन शांत सुबह सा
सब है मिथ्या या सब सही
क्षितिज पर गूँजता बस यही

मैं वहीं बूढ़ा चाँद हूँ
मैं बचपन का ही चाँद हूँ
हँसो न हँसो, हँसने का प्रयत्न करना
मैं करूँगा कोशिश, तुम लगाना ठहाके।

□

9

प्रेम के आकार

हम ढूँढ़ते हैं प्रेम अनंत
बिखरे कई आकारों में
धुँधला सा दिखता वह
अलग-अलग से थालों में

चौकोर से नेह की आस थी
मिला हमें वह गोल सा
चाहा जब हो आयताकार
पाया हमने तिकोना।

ढूँढ़ा जब प्रसून की क्यारियों में
मिला हमें वह धान की बालियों में
हार गए जोहकर सरिता किनारा
मेघ में सोया मिला अपना सितारा

थक जाएँगे जब हर आकार से
ऊब चुके होंगे हर प्रकार से
केवल बिंदु में ही उसे पा लेंगे
समेटे हर आशा को हमारे।

□

10
अपेक्षा और प्रतीक्षा

हम ताकते हैं
छिटकनी हटा
राह प्रेम के आने का,
हम खोजते हैं
बहाना
अपरिचित को अपना
बनाने का।

पगडंडियों पर
चलते-चलते
ओस मिल
ही जाता है,
मन की रिक्तता
रूखे रोटियों से भी
भर जाता है।

दिन के आरोहण संग
बढ़ता जाता विश्वास,
साँझ के मौन से
घटता है उल्लास।

त्यागना प्रतीक्षा किसी की
है क्या सही?
किसी के होने की
अपेक्षा गलत तो नहीं।

□

11

पलाश सा प्रेमी

वह कहती थी
एकदम पलाश सा बनना,
कभी ऊँचे वृक्ष सा
एकटक तकना,
तो कभी क्षुप सा
पास-पास उगना,
और कहीं लता सा
बस बिखर जाना।

बसंत में जो उगेंगे
फूल तुम्हारे,
रंग उसमें एक
रखना जरूर
हर्षित
मेरे लिए।

पतझड़ में जो टूटेंगे
हर पत्ते तुम्हारे,
एक पत्ता

रखना पुलकित
मेरे लिए।

काल बैशाखी देगा
हिलोर
झूमेंगी हर डाली,
बस एक
रखना स्थिर
मेरे लिए।

रूप चाहे जो धरना,
एक स्थान प्रतिवास में
रखना अवश्य
आरक्षित
मेरे लिए।

□

12
शहर और मैं

हर शहर से कुछ चुरा लेता हूँ
किसी की हँसी
किसी का दुःख
किसी का विरह
किसी का साहस
दे देता कोई मौन अपना
तो किसी से शोर ले लेता

हर शहर में कुछ
छोड़ आता हूँ
कहीं उत्साह
किसी को चाह
कहीं शीलता
किसी को धीरज
आधी मुसकान कहीं छोड़ देता
कहीं छोड़ आता छोटी पहचान

मैं नहीं ले पाता
किसी नगर से

उसका अभिमान
और नहीं दे पाता
किसी शहर को
अपना अकेलापन।

□

13
वनघास और वनफूल

सड़क की धूल मैं
वह किनारे पत्थर पर पड़ी घास
मिलना हमारा
किसी कल्पना में भी
होता काल्पनिक।

नहीं मिला
किसी ग्राम देवता
से आशीष,
पर पुण्य पाया
पथिकों के धूल
के स्पर्श से,
शेष रही आस
जेठ में बरखा
के उत्कर्ष से।

सब होते लीन ध्यान में
मुक्ति पाने की
राह में

कर समर्पित सब कर्म
मूल्य चुकाया
हर श्वास से

जीवन में देखा
बस एक चमत्कार
मैं बन गया वनघास
वह बन गई वनफूल।

□

14
भविष्यवाणी

हुआ पाँच सौ करोड़ साल पूरा,
न जाने अभी
है कितना अधूरा!

सूरज रहे न रहे
डर नहीं उन्हें,
धार बहे न बहे
वे रोक देंगे प्रलय।

प्रेमियों के
नयनप्रकाश रहेगा
करता जगमग
तोड़कर हर भ्रम
मोड़कर हर मत
झकझोरकर सिद्धांत
धान उगेगा,
बरसेगा गेहूँ।

जीव लहलहाएँगे
कोयल कूक लगाएगी,
प्रेमियों की आभा ही
पृथ्वी को बचाएगी।

□

15
तिरस्कृत-2

बाएँ बरगद थका खड़ा है
हर टहनी की हिलोर सरस
गुलमोहर दाएँ शांत पड़ा है
मध्य में मैं लिये असमंजस

बरगद विशाल की
शीतल काया
छाया मधुकर
फूलों के मौसम में
गुलमोहर जैसा कहाँ
कोई सुंदर

मुझ बबूल का
जीवन ऐसा
किसी रम्यता से
त्यागा जैसा

मन काँटों से भर जाए तो
नरकवास है यही धरा

अगणित वर्ष से ताप लिये मैं
देह–देह में शूल भरा

कंटक छोटा
अब हो मेरा
दो शब्द मुझे भी
मिले प्यार का।

□

16
याचना

उजाला केवल
सत्य पर ही नहीं,
झूठ पर भी पड़ता है।

समय की बस
बात है,
हर पत्ता गिरता है।

चबूतरों पर
बैठी कचहरी,
क्षितिज पार देख नहीं
पाती।

बंद कुओं के
मुँड़ेर तक
मेढक की 'टर्र–टर्र'
नहीं पहुँच पाती।

भोर की आगवानी
कुकड़ूकू में एक बाँग
मेरी भी हो,

प्रभाकर की ज्योति
में शतांश भाग
हमारा भी हो।

□

17

क्वारंटाइन

गहन अंध में पड़े-पड़े
देखो दूर वह दिखा प्रकाश
सतही साँसे खींच रहा हूँ
अपनी ही छाया में धँसकर

दिन जब इतने खुले-खिले हैं
छुपम-छुपाई से निकले हैं
मित्र हमारे जी को प्यारे
वहाँ बाग में बैठे सारे

एकटक मैं देखूँ घड़ी
लंबे दिन और रात बड़ी
अब केवल इतना ही बस
प्यार-नेह-विश्वास असीमतर

श्रांत हुआ मन क्लांत हुआ तो
नयन बंद कर तुमको सोचूँ
मसूरी में हरी घास पर
जो हरीतिमा देखी प्रियवर

भय और चिंता से उकताए
मन की पीड़ा का अंत जल्द हो
आज पवन की चुप्पी ही है
कल आशावर्षा अनहद हो।

□

18

प्रेमी शहतूत की डाल पर

प्रेयसी को मन मेरा
न भाया
अंश एक आत्मा का
शहतूत पर छोड़ आया

जब ऋतु विशेष
बुलाएगी
वह भाग रेशम के कोवों
में मिल जाएगा

रेशम जब बुने जाएँगे,
वह भी
धागा कहलाएगा।
दूर जितना उसे छोड़ा था,
उतना
समीप हो जाएगा।

हर अस्वीकार को
स्वीकार कर राह एक ने

मजबूती दी,
संतापों के अरण्य में
डाल एक शहतूत की।

□

19

कद में थोड़ा छोटा मैं

ब्लैक बोर्ड
कद में थोड़ा छोटा मैं
देख नहीं सब पाता अक्षर
जैसे खीर में थोड़ा शक्कर
अँधेरे छोटे कमरे में
ज्योति उतरते
देख लिया,
मैंने एक नहीं, कई भाषा
सीख लिया,
इशारों से बात तो सभी
हैं करते
मैंने मौन रहकर भी चीखना
सीख लिया।

□

20
मन का टुकड़ा

मन का एक टुकड़ा
किसी सौदे में
रह जाए उधार

सूद और ब्याज
की दरें
बढ़े न बढ़े,
रहने दो
टुकड़े को वहीं पड़े।
व्यापार के
सभी नियमों
के परे
मन के बाजार
का सौदा
रिक्त स्टांप
पर होता है।

□

21

सिर्फ हमारी सुबह

एक शहर की एक सुबह
तुम-हम बैठे एक संग
न कोई काम
कहाँ कोई उलझन
शेष नहीं अब कोई
निमंत्रण।

रंगों का रूप देख
वास्तविक
मन मुसकाए,
गीतों के सुन धुन
सात्त्विक
हृदय अकुलाए।

हर दिन ऐसा
क्यों नहीं होता,
तुम होती और
केवल मैं होता।

खंडित सब कोलाहल
केवल तुम्हारा
स्वर होता।

□

22
अंतिम मुक्ति

दो कौर की रोटी से
जीवन के दुर्गम
पथ कटते,
बूँद दो मीठे जल से
जन्म भर की मिटती
प्यास,
मुक्ति के मार्ग में
हो प्रयास,
है जरूरी दो शब्द
के प्रकाश।

दो कविताओं को
जीतेजी उकेर दूँ
शब्दों के प्रवाह में,

एक देगा मुखाग्नि,
दूसरा श्राद्ध में
बाँटेगा पत्तल
देगा दो रोटी और

जल शीतल
भटकते
दो भूखों को।

□

23

याचना-2

हे ग्रामदेवता!
मार्ग मेरा
अतिशय भरा
मुझे राह दो
उस ब्रह्मांड की

गिरूँ तो कोई न उठाए,
भटकूँ रास्ता कोई न दिखाए,
रहने दे तम घोर में
रोऊँ तो कोई चुप न कराए।
मुझे पीने दे भय का जल
डरूँ तो कोई मत दे साहस
डूबूँ रात में भयंकर,
कोई प्रकाश न दे।
पचाने दे पेट से
पेट को ही
कोई भोज न दे।
हर तिरस्कार से
ही हो स्वागत

भूल से भी कोई
मुसकान न दे।

हे ग्राम देवता!
सदा तेरा आशीष रहा
एक वर दे,
सब दूर कर दे।
स्मृतियों में कोई
मुझे याद न करे
मैं किसी का न रहूँ
कोई मुझे अपना
न बुलाए,
जब लंबी नींद
की डाक हो
कोई भूल से भी
न जगाए।

□

24
घर

घर कितना बड़ा
हो सकता है,
घर कितना बड़ा
होना चाहिए ?

मेरा घर इतना बड़ा था कि
एक चौकी से ही
भरा पड़ा था।

घर कितना ऊँचा
हो सकता है,
घर कितना ऊँचा
होना चाहिए ?

मेरा घर इतना ऊँचा था कि
कोई भी खड़ा
होता तो
छत टूटता,
दरार पड़ती थी।

सब करते हैं प्यार
अपने घर से
उसे अपना बुलाने में,
मुझे थोड़ी लाज
लगती थी
उसे अपना घर कहते।

घर जितना भी
बड़ा था,
घर जितना भी
था ऊँचा,
अपनों भर के
लिए था पूरा।

□

25
बंदूक और कलम

दुनिया की सबसे पहली बंदूक
बहुत महँगी थी
और कुरूप भी,
पहला पेन जो बना था,
अत्यधिक सस्ता, किंतु सुंदर।

बंदूक चलती तो
घाव बढ़ता
पीड़ा बँटती,
हँसी रोती।

और कलम के कदम संग
बहता स्नेह,
दुःख किसी अक्षर में
सिमटकर सूख जाता।

बंदूक के बाजार कब
बंद होंगे,
और कलम की दुकानें कब
खुली रहेंगी रात में भी?

□

26

मेंड़ नोमेंस लैंड

मेंड़ दो खेतों
को जोड़ते हैं,
न जाने कितने वर्षों से
पड़े-पड़े
उनके बीच मध्यस्थता किए।

मेंड़ जितने
सँकरे होते हैं,
घाव उतने अधिक
गहरे होते हैं।

वहाँ बैठकर
दानों का अंदाजा
लगाना सहज होता है,
और सहज होता है
वहाँ बैठकर पानी-भात खाना।

मेंड़ जितने चौड़े
रखे जाएँगे,

खेत उतने अधिक
लहलहाएँगे।

दुनिया के सारे मेंड़
नोमेंस लैंड ही तो है
या हर नोमेंस लैंड है
मेंड़ की तरह,
सबका है थोड़ा-थोड़ा
किसी एक का नहीं पूरा।

अपनी चौड़ाई की लड़ाई
लड़े जा रहे अकेले
हर पल उस दुःख के
साए में जिए जा रहा
कभी कुछ लोग हठ करेंगे
असंख्य लोग जा मरेंगे
रक्त से मेंड़ का घाव
बड़ा हो जाएगा,
वह थोड़ा और
पतला हो जाएगा।

□

27
विचित्र युद्ध

त्रिलोक का एक युद्ध
अत्यंत विचित्र हुआ,
समर वह आरंभ
से पूर्व ही शेष हुआ।

सैनिक-प्रेमियों के मन
बैठ गया डर,
क्या कभी पहुँच
पाएँगे घर?

पत्र उन्होंने इतना लंबा
कर दिया,
किसी ने भी
रणघोष न किया।

□

28
पत्तल

कोई पत्तल जूठा
नहीं हो सकता,
भले कितनी बार भी
खाया जाए।

वह जो तृप्त कर रहे
जल से ही
उदर की अग्नि,
कभी भोज पर उन्हें भी
बुलाया जाए।

अगर कोई निमंत्रण न भी दे
भूख तो दे ही देगा,
इस समय की
उस समय की
हर समय की भूख
इच्छा का उल्लंघन कर
ले जाएगी
बेहया बना देगी
पत्तल के पीछे दौड़ाएगी।

पत्तल मजबूत बना
रहता अडिग
जब तक हर भूख शांत न हो,
डटा रहता लिये
हर दाने को समेटे।

एक भूखे को एक पत्तल की
प्रतीक्षा रहती है
और रहती है प्रतीक्षा एक पत्तल
को अनेक दाने लिये
अनेक खानेवाले की।

□

29

फतिंगा

उन फतिंगों को
कौन देगा न्याय,
जिन्हें आभा ने
निमंत्रण दे
छोड़ दिया तड़पते।

और किससे करे
प्रार्थना बेचारे,
रुई सा कोमल
पंख ही मिला इन्हें।

सब करते हैं पाप
अपने-अपने हिस्से का,
कौन सा अधर्म आँका
कीटों का जन्म मिला।

मौन का स्वाँग
जो भी करे धारण
आधा या पूरा,
न्योता मिलता रहेगा।

तम का भ्रम फैला
काटने जो जलाते दीये
सादा या सुगंधित
धुआँ उठता रहेगा।

□

30
केशव का न्याय

शापित सभा को
केशव ने
भस्म नहीं किया,
छोड़ दिया
अपयश का
कटु फल
भोगने को।

तत्क्षण आर्यावर्त
जाता डूब
याज्ञसैनी की
अश्रुओं में,
आते अगर न
माधव रोकने तो।

कर्तव्यों के श्रेष्ठता
का भ्रम कब नहीं
होता!
होता न अनर्थ
यदि मैं न होता।

अरे, ओ शास्त्रों
के महाज्ञानी,
तुम्हें लाज नहीं आती
स्त्री के उपहास पर?

और हे महारथियों के
महारथी,
तुम्हें भय नहीं
भवानी के भीषण
चंद्रहास का?

चिर पटल पर
रक्त से अंकित
यह महादोष स्मृतियों को
विषाक्त बनाता।

और बार-बार हर बार
इतनी बार
प्रायश्चित्त के बाद भी
ज्यों-का-त्यों ताकता।

कुल कलंक से भय खाता
काँपता—
किसी द्रौपदी को जो
आँख दिखाए भय का
भर दे उसमें अमावस
की कालिमा।

उठे जो दुशासन के हाथ
पापी

बहा दे किसी
गंगा में।

वह सभा अभी तक
पी रही पीप
अश्वत्थामा के घाव से।
अभी लंबा अंतराल है
युग परिवर्तन के बहाव में।

□

31
प्रेम का रास्ता

वह टावर एक प्रतीक था
उसका घर आस-पास है,
कहीं मैं भटक न जाऊँ
वह मुझे मार्ग दिखाता रहे।
किसी के स्मृतियों में
न भी रहूँ,
वह टावर तो मुझे याद
रखेगा सदा,
इतना तो उसे कोई
देखा भी न होगा,
देखा भी होगा
तो इतने स्नेह से नहीं।
प्रेम की राह
उस कागज की नाव
की तरह गल सकती
सहसा बिना सूचना।

प्रेमी की चाह के साथ
टावर की खोज भी

समानांतर क्रिया है।
प्रस्ताव पास न भी हो
जीवन निराश न हो,
रास्ता स्पष्ट दिखता रहे।

□

32
अमरत्व की खोज में

अमृत की बूँद पर
लड़ते-झगड़ते लोग
पहुँचते हैं
अमरत्व के दुर्लभ
पायदान पर
और पाते हैं
अश्वत्थामा को
पीप पोंछते।

उन्हें देख वह
मुसकाता है
और बहते रक्त
पर रगड़ता राख, कहता—

'मृत्यु विजय करने को
आतुर हे वीरवर!

तुम मुझ जैसा
बनने आए हो?

सारे सत्य त्याग
चिर दुःखों का
तुम स्वाद भुनाने
आए हो ?'

एक अमर की वाणी
से स्तब्ध मन में शून्य
को पाते हैं,
सोचकर बहुत अंतर में
कुछ सूनेपन को
अपनाते हैं।

कुछ थोड़े जो अभी
तक लालसा में अकुलाए
अमरत्व के द्वार पर नेत्र भीड़ाए
घड़ी-घड़ी अपने नब्ज जाँच रहे
कहीं जीवन शेष तो नहीं

विवादों पर अंतिम वक्तव्य
रखता घाव छिपाते,
कहता—
'क्यों नहीं
मृत्यु ने जब कृपा बरसाई तुम पर
सहर्ष स्वीकार कर
पीड़ा पर विजय पाई तुमने ?'

□

33
पताहीन पत्र

वे सभी पत्र जो प्रेमिकाओं तक
पहुँचने से पहले ही गुम हो गए
अब बन गए हैं पुस्तक

एक-एक कर सबके
उत्तर बना रहा वह।
ऐसा मनचाहा
उत्तर जो प्रेम को और
प्रगाढ़ बना देगा
और उनके संबंधों को देगा नया शब्द।

कुछ पत्र किंतु कटा
फटा, स्याही उड़ेला
संबोधन में रिक्त कॉलम

ऐसे पत्र जो आधे हैं,
वही उनके उत्तर में
बाधा हैं।

भेजने की तैयारी भी शीघ्र होगी
सादे डाक से

बस एक ही उधेड़बुन रहती
कि कौन सा पता दें
कि बस उनको ही मिले
जिसके लिए लिखा हो,
कि केवल वे ही पढ़ें
जिनके लिए उन्हें बुना हो।

□

34
किनारे का धान

वह मुझे किनारे का धान
कहती थी,
लोग जितना चाहते
उतना ही बढ़ता।

मैंने सबके साथ ही जन्म
लिया था,
किंतु दायित्व कुछ मेरा अधिक था।

रास्ता वे बनाते
मुझमें ही
अन्य की अपेक्षा मैं
ज्यादा चोट खाता
कम बढ़ता।

बालियाँ भले कुछ कम
फूटेंगी मुझमें
सोचकर मैं क्यों घबराऊँ।

मैंने आरंभ से ही
यह नाम चुन लिया था
किनारे का धान।

□

35
सुरक्षित धूप

उसके दो सूर्य हैं,
घर में वह धूप तेज
नींद लाता है।

घर के चौखट से
बाहर निकलते हैं,
वही धूप तीखा हो
जाता है।

वहाँ अपरिचित आँखों
से घूरनेवाले लोग
टकटकी निगाहों से
अपयश का छाँव खोजते।

गरदन इतनी टेढ़ी क्यों
और कब हो गई उसकी?
बस वह अपने पैरों के चप्पल
देख पाती है।

हर पग रक्त से सना
काँटों का शूल
देता है,
इतना बेचैन करता है कि
शर्म भी शरमा जाता है।

कभी तो समय आएगा
इन बेहयाई से घूरती आँखों
को चूर दिया जाएगा,

और उसके दोनों सूरज का
रंग एक हो जाएगा।

□

36
ठूँठ

आँधी में वह टूट गया था
लगता था ठूँठ है उसका
भविष्य
लकड़हारे पीजा रहे थे कुल्हाड़ी
कि आनेवाली है
इसकी बारी

पर उसकी गहरी जड़ों ने
साहसी शाखों ने
ढीठ पत्तों ने
धूप पीकर
थोड़ा जल सोखकर

उग गया फिर से
उठ चला नभ में
और ज्यादा घना होकर
अधिक सशक्त बनकर

अब लगेगा जंग
उन लोहों पर ही नहीं

उन लोगों के मन पर भी
जो देना चाह रहे थे
जीवित को ही मुखाग्नि।

□

37
घाटी में धूप

दो गहरी घाटी के बीच
एक ऊँचा पहाड़
बाँटता
विस्तार तक।
घाटी के बीच
अवरुद्ध बना-बना
थकता नहीं

एक घाटी की हवा
पहुँच नहीं पाती दूसरे तक
बस पवन करती प्रयास
उठने का
चोटी तक जाकर
दम तोड़ देती।

दूसरे का रंग भी
स्वयं में ही घुल जाता,
एक नए रंग में मिलना
बस एक स्वप्न रह जाता।

घाटी धूप की आँच से
चोटिल मन सेंक रहे
सोच रहे कभी तो
पहाड़ का हृदय पसीजेगा
कभी तो यह झुकेगा।

□

38
पहाड़ी

तीन हजार वर्ष के आरोहण के बाद
मैं उतरा नीचे,
देखा एक और पहाड़ी है बाकी
भ्रम या चुनौती कहें
आश्चर्य या मूर्खता
प्रश्नों की नदी गिरती है झरना बनकर
और इंद्रधनुष सा फैल
जाता है दृष्टिकोण

अनगिनत शृंखलाओं के
मोती कभी हंस को
आराम करने नहीं देते हैं

क्षितिज पर चित्रकारी
और रंगों का जाल
सब सुख ले लेते हैं

मैंने मान लिया है
जीवन इन पहाड़ों के

सर्द में तो है,
लेकिन जीया
घाटियों में जाता है

□

39

नमी

घाटी में बर्फबारी
से ठीक पहले
जग जाना।

रंग बदलते
व्योम से पूछना—

'कहाँ रखी थी
वह पीली फटी चादर?'

जिसमें बैठकर
बसंत में
हमने जीवन
के उस छोर तक

बिना रुके किसी
मोड़ पर,
उड़ने की मधुर
कल्पनाएँ बुनी थीं।

उस घास पर अब नमी
जमी सी है,
उस पवन में
सुगंध की कमी सी है।

□

40
पतली राह

यदि मुझ तक आने के
हर मार्ग बंद हो
जाए
तो मन के कोमल
पत्थरों के बीच
एक रास्ता बनाना।

व्यस्तता के विपिन
को काटकर,
विरह के खाई
को पाटकर।

चली आना उस
पतले रस्ते से
सीधे मन के
बगीचे में।

बैठकर वहाँ
स्नेहिल झुरमुट के मध्य

भूल जाएँगे
पुराने अनबन।

और नई कुछ बातों से
दिन भर

चार बरस के चोट का उपचार होगा
अंधकार तक।

□

41
चीनी मिल

वह बोलती थी,
उसका मन
पुरानी चीनी मिल है

जो कभी अनेक
मधुर गुड़ के बोरों
से भरा था।
अपने मीठेपन पर
थोड़ा अभिमान जरूर रहा होगा,
छोटी चींटियों ने
सभी गुड़ों को लेकर
कहीं और पैर पसारा,
अब वहाँ सिर्फ छिलके
बचे हैं जो राह ताक
रहे चिनगारी के।

□

42
डेजा वू

किसी नए स्थान में
कभी क्यों लगता है ?
यहाँ तो पहले भी
शायद आया था।
जैसे मानो पुनर्जन्म
लिया हो।
और एक बार नहीं,
बार-बार आया हो
किंचित् मैं यहीं का हूँ।

ये घाटी में फैले घास के चादर,
टूटकर आकाश से गिरता बादल,
दूर कहीं शैल का ढलान
रंगों में घुला
आधा मुसकान
कहीं-न-कहीं
हमें जोड़ते हैं स्वयं से

यही सौंदर्य है
निरंतरता का आधार

सार्थकता भी यहीं है,
यहाँ सुख का स्रोत
असीम तो है।
यह डेजा वू ही तो है।

□

43

रिक्त स्थान

उसका मन पहाड़ की
ही भाँति था
स्थिर और भारी

उसकी क्या भूल
जो मैं जाकर
बैठा किनारे

उसकी थोड़ी सी
छींक से
हलका कंपन
जो आया
मैं सँभाल न पाया
फिसलकर धीरे से
गिरा जोर से
पहुँचा घाटी में

अवसर मिला न कभी,
वरना आरोही फिर
करता आरोहण

यदि रहता रिक्त स्थान
जमा लेता अपना मकान।

□

44

दूरी

उन दो प्रेमियों की दूरी
रेल के पटरियों जितनी ही थी,
केवल दो हाथ

साथ चलते दूर तक
एक–दूसरे के खटपट सुनते
पर पास आना
स्वप्न जैसा

इनका न मिलना
इनकी नियति थी
पर औरों को
मिलाने का संकल्प
इनका अपना।
सभी प्रेमिकाओं को
लंबी प्रतीक्षा से
मुक्ति दे रहे ये,
जिनके प्रेमी बरसों से दूरी
नाप रहे चंद्रमा
के आकार से।

मिलना स्वार्थ हो
आवश्यक नहीं,
मिलवाना निश्चित रूप से है
प्रेम की कसौटी।

□

45
समर्पण

मैं जब हर आशा से निराश
हो जाता हूँ,
प्रलय के आगमन से आश्वस्त
जीवन के राह जोहता

पहुँचता हूँ सीधे उस खेत में
जहाँ किसान तन्मयता से
भीड़ा है मेंड़ को कसने में।

पिछली वृष्टि में सब
डूब गया था,
तिनका तक भी
भाग्य में नहीं मिला।

पर वह फिर भी लगा है
अगले फसल की तैयारियों में,
इस बात से अपरिचित
न जाने क्या होगा क्यारियों में।

उसे बस मिट्टी भर लगाने व
जल देने का संतोष है
अनाज मिले या पड़े आकाल
इसमें उसका क्या दोष है!

□

46
पोत

मैं तो जन्म से ही साहसी थी,
पर पहली यात्रा में ही
तट ने मेरा उत्साह बढ़ाया था।

कहा था, जहाँ भी हौसला
कम पड़ जाए
मुझे याद करना।

सागर के हर किनारों में
सभी दूरियों के बाद भी
अपनापन है, एकरूपता भी।

किसी भी तट पर जाना
स्वागत होगा तुम्हारा
हर पोत पर प्रेम का प्रतीक
मिलेगा, रूप चाहे अलग हो।

अपने आँसुओं को
सागर में डालकर
खारापन बढ़ाकर

मैं छोड़ती यह तट
किसी और तट की अपेक्षा लिये
एंकर में गाँठ बाँधे शिक्षा लिये
कि हर किनारे छाँव अपनों का
मिलता रहेगा
धूप चाहे कितना तंग हो।
हर पोत पर प्रेम का प्रतीक
मिलता रहेगा, रूप चाहे अलग हो।

□

47
अंतिम यश

हर समर अपना नहीं होता
परिस्थितिवश उनसे जुड़ना
होता है,
हर राह सगा नहीं होता
ऊबड़-खाबड़ पहाड़ भी
चढ़ना होता है।

कर्तव्य की दोहरी मानसिकता
दो धार पर बहकर
महारथियों के धर्म को
झकझोरता,
नए प्रश्नों के
अंबार बटोरता।

नियति के लहर को
स्वयं समर्पित कर
महारथी संतोष पाते हैं,
जो युद्ध इन्हें चुनने का मौका भी
न मिला,
समीप बुलाते हैं।

किसी यश से वंचित,
लोभ से दूर
शापित जीवन का
पल-पल
वीर पुरुष को
स्मरण दिलाता है।

नद के तट तो
भटकेंगे व्याकुल
जलधि के एक
दर्शन को।
मिलकर खो जाएगा
महारथियों का
बचा-खुचा अस्तित्व।

किंतु एक आखिर रण
वहीं मिलेगा,
एक अंतिम यश भी
वहीं मिलेगा।

□

48
अंतिम विदा

अंतिम विदा
से पहले
एक आखिरी आलिंगन
नहीं करेंगे हम।

पिछली बार जो मिले थे गले
साल भर मुलाकात का
अंतराल बढ़ गया।

अपने साथ कुछ तो
रहे शेष
एक बात और कहने को।
एक और भेंट करने को।

□

49

वीरांगना मातंगिनी हजरा

उन बूढ़े कोमल
हाथों में लेकर
झंडा वह
बढ़ती है।

नन्हे मेंड़ों पर
बहुत चली,
ऊँचे पहाड़ अब
चढ़ती है।

लंबी दूरी
कोई बात नहीं,
चाहे अपने हों
साथ नहीं।

यौवन की बाली
याद नहीं,
अपनी उसकी
कोई बात नहीं।

जाने कौन सी
शक्ति है,
वह रुकती है,
न थकती है।

भारतमाता के
स्नेह-भाव
उसके नयनों से
बहते हैं।

मुखमंडल से
बहता साहस
युद्धघोष विजय अब
कहते हैं।

बहता उसके
रक्त से
पूरे भारत का
गौरव अनंत।

चीख-चीखकर
कहता जाता—
मैं हूँ स्वतंत्र,
मैं हूँ स्वतंत्र।

□

50
उसका शहर

उस नगर की हर सड़क
जानती थी हमें
कुछ गलियाँ छोड़कर।

हर कंकड़ तक से था परिचय
मिलता अभिवादन
हर मोड़ पर।

उन सड़कों में जहाँ कुछ
मरम्मत हो रही थी,
वहाँ जाना बस
शेष था।

और कुछ गलियाँ थोड़ी
सँकरी थीं
जानेवाले मार्ग के मध्य
खाई थोड़ी गहरी थी।

खराब सड़कें,
तंग गलियों ने भी बुलाया

मौसम सामान्य था,
संदेश किंतु देर से आया।

जान-पहचान के बाद भी
अनजान बने रहना
उत्सुकता बढ़ाता है,
कुछ नए मार्ग से
ताला हटाता है।

हम उन राहों पर फिर
दौड़ना चाह रहे थे,
नाप लेना चाहते थे
उसकी चौहद्दी,
चाहे अकेले ही सही।

किंतु कितना भी नापा जाए शहर,
चाहे कितना ही नन्हा हो शहर,
थोड़ा-बहुत
छूट ही जाता है।

शायद यही आमंत्रण भी देता है
पुनः साथ चलने को,
बचे-खुचे जगह देखने को,
शेष बातें पूर्ण करने को।

□

51
प्रेमियों की गति

एक लंबा रास्ता
दो अलग-अलग व्यक्ति
भिन्न कदमों से
एक गति से कैसे
मंजिल तक पहुँचते हैं
और कैसे समय एक जैसा लेते हैं?

कोई तो मशीन होगी
उनकी रफ्तार को जोड़ने की
या होगा कोई अनूठा जंतर
नहीं तो दबाते होंगे
मन का बटन
स्नेही दो जन
हर दूरी को भाँपते
हृदय से ही
समय को हैं नापते।

□

52
अच्छी रचना

वह कहता था कि
सबसे अच्छी रचना
लिखना तुम तब,
जब मिलना हो स्थायी
या कभी जो लंबे समय तक
वियोग सहना हो।

उसने न मुझे दूर
जाने दिया,
न आने दिया पास।

जो भी अब लिखती हूँ
औसत ही उभरता है,
स्याही पड़े-पड़े गाढ़ा हो गया सोचकर
कब लिखे वह अप्रतिम सौंदर्य।

□

53
दंड

एक टहनी काटने
का दंड तब
पता नहीं था,
नहीं तो काटता ही नहीं।

हर पत्ते को जल देकर
साफ देना सरल ही है,
आज एक पत्ते को
दिया जल
कल तीन और उग आए।

कल उन तीन को
किया स्वच्छ,
परसों पाँच नए
कोंपलों ने जन्म लिया।

जल कितना ही
डाला जाए
लगता अपना दंड अधूरा,

टहनी को काटने का
दंड एक जन्म नहीं
सौ जन्मों में होता पूरा।

□

54
रात और दिन

किरण फूटने और डूबने के
बीच के समय को
कुछ लोग दिन समझते हैं,
पर कुछ उसे शोर कहते हैं।
दिन के उजाले में काले
कारनामे धोनेवाले
बहुत हैं धरा पर।

आश्चर्य है,
ये इतने पापों के बाद भी
आत्मविश्वास अंबर पर बिठाकर
चलते हैं,
और वहीं चलता है निरीह व्यक्ति
फूँक-फूँककर हर कदम।

ये दूसरे व्यक्ति किरण डूबने और
फूटने के बीच के समय को
रात समझते हैं।
और ये रात को केवल

नींद लेते हैं,
जहाँ कभी-कभार
स्वप्न भी देख लेते हैं।

□

55
रास्ते में टूटा

बीच रास्ते में टूटा
चप्पल जैसा मैं,
जहाँ टूटा
वहीं छोड़ दिया गया।
कृतघ्न आत्माओं
को ढाँपा,
कंटक का
हर दंश झेलकर।

जिन चरणों के संग
बिताया जीवन,
फेंक दिया गया
दिए बिना अंतिम
आलिंगन।

□

56
आदर्श ब्रह्मांड

एक आदर्श ब्रह्मांड,
जहाँ जिसे जो चाहा,
वह मिला।

कुछ को अनेक
का मिला प्रेम,
किंतु कइयों को
साथ किसी
का न मिला।

यह कैसा आदर्श
ब्रह्मांड बना?

□

57

आधी नींद में

आधी नींद में
आँखें खुलीं
पीड़ा सोई
मैंने देखा तुम्हें
स्वप्नों में आते,
मन के
चौखट पर
झूठ-मूठ सा
बतियाते।

वही पुराना
आश्वासन देते
मैं लौट आऊँगा
पतझड़ के आखिरी
संध्या से पहले

देखने संग
बैशाखी के बादल
काले गहरे।

सच्ची कल्पना
मेरी
झूठे शब्द तुम्हारे
मध्य में
बैठे सपने आधे।

दूब की टहनियाँ
कहाँ दिखती हैं
और कहाँ दिखता
तुम्हारा मेरे सपनों
के बाहर आना ?

□

58
तुम थे स्याही में

कितने शहर बदले,
कहाँ कुछ बदला
तुम साथ थे।

मकानों का पता
नया मिला,
सब पुराना था
तुम साथ थे।

कदम के निशान
गए बदल
तुम दूर थे।

हस्ताक्षर का भिन्न
पड़ता छाप
क्या तुम थे स्याही में?

□

59
क्या बना?

नाविक न बन सका
किनारा सदा
प्यारा लगा।

बारूद था
दुर्गंध भरा
सैनिक बनना
दूभर हुआ।

शांत नहीं
ध्यान कभी
पुजारी बनूँ
चूक हुई।

कंकड़ छीलते
पाँव कोमल
हल से हाथ
भरा जाता,
कैसे किसान
मैं बन पाता?

दूर हर योग्यता से
कमी हजार नहीं
लाख भी नहीं
कुछ भी बनने की
साख नहीं।

धाह का धान
बना
बेमन से बढ़ा
बस यों ही चला
कुछ बना,
कुछ भी नहीं बना।

□

60
चोरी

चोरी कुछ चीजें
हो जाती हैं,
कानून देखता
रह जाता है।

किसी-न-किसी
का मन चुराया,
दिन के उजाले में
ले भाग उड़ाया।

कुछ चोरी तो
बस हो जाती हैं,
जीवन का चक्र
यों ही चलता है।

□

61

तुम्हारा शहर

नहीं हो सकता
यह शहर मौन कभी
हँसी के ठहाके
उड़ रहे यहीं
हमने कभी
जो साथ भरी

नगर में यहाँ
छोटे नहीं
पड़ सकते
सड़कें कहीं
अपने कदमों से उकेरे
संग चल नए रास्ते कई

कोई इस शहर को
अकेला न कहे
जाने-अनजाने
मिल जाते तुम ही
अगले चौक तक
चलने के लिए

नगर नहीं है
ये निष्ठुर
स्नेह के मोती
बिखरे हैं पड़े
बाँटे तुमने जो मुसकानों से

शहर को मेरे
न पुकारो
तम का डेरा
नयन प्रकाश ये तुम्हारे
हर कोने में
फैलाया उजाला।

□

62
नया संसार

युग–युग को
मैं लाँघकर
पहुँचता बेबीलोनिया
छोटे जगहों से बनी
बड़ी सी दुनिया

यूनान से तर्क
मिस्त्र से कागज
भारत से ले धर्म–ज्ञान

मिलकर बनाया
सभ्यता का सार
तोड़कर हर भिन्नता खोला
मानवता का द्वार
समेटकर हर घृणा
प्रशस्त हुआ
प्रेम का संसार।

□

63
लोहे के पुल

स्वर्ण से नहीं
रजत से भी नहीं
लोहे से बनते हैं पुल
पाटते हैं दूरस्थ टीले।

लौह अयस्कों ने
कठिनतम प्रण लिये
भले कोई श्रेय
उन्हें मिले न मिले।

खाई की गहराई
है भ्रम या सच्चाई
कैसे एक किनारे से
नाप सके उच्चाई

विशिष्ट बने न बने
एक यश तो मिलता रहेगा
दूरियों का मिथक गान
सदैव मिटता रहेगा।

□

64
आज के बच्चे

हमारे बच्चे
आपके बच्चे
हम सबके बच्चे
मत करें
राजनीति से परहेज
पर याद रखे
संगीत व कला का प्रेम

हर बहस पर
देते हैं तीखी राय
हर समस्या की
लाते सरल उपाय
थोड़ा समय तो दे
दूसरे को भी कहने का
थोड़ा विचार करे
एक और पक्ष सुनने का

आज के बच्चे
कल प्रेमी होंगे
परसों पिता और माँ भी

तदापि कुछ न भी
सीखे
तो सीख ले
अपनी भूल पर
पश्चात्ताप
देना दूसरों की गलती को
क्षमादान
और प्रत्येक मिलनेवाले को
पूरी मुसकान

हर हारे से कहना
आशा की दो बात,
हर थके को बेहिचक
बढ़ाना अपना हाथ।

□

65
अच्छे और बुरे

हर बुरी आदत के साथ
आते हैं कुछ अच्छे गुण
जैसे
तुम मिलते बार-बार हो
पर करते मेरी प्रशंसा
कभी-कभार

जाने क्यों निरुत्तर दिखते
हो हरदम
पर रहते सदा
प्रतीक्षारत

जैसे बहुत कम ही
लिखते हो
पर केवल मेरे लिए ही
शब्द उकेरते।

हमेशा चल देते हो
आगे-आगे

मैं छूट जाती हूँ पीछे-पीछे
किंतु हलकी आवाज पर हमारी
रुक जाते हो

मेरी हर कहानी
तुम भूल जाते हो
मगर पहली मुसकान की हमेशा
याद दिलाते हो
हर बुरी आदत के साथ
आते हैं कुछ अच्छे गुण।

□

66
सेंसस

हर बार सेंसस
की व्याख्या
मनुष्यों की संख्या
है बताती

नहीं पता
या बताते नहीं,
आम के हैं वृक्ष कितने?
मीठापन साल-दर-साल
बढ़ रहा, वे मगर
कम दिखते

इन गिलहरियों की संख्या
है कितनी
और कितना स्नेह बिखेर
दिया उन्होंने बीजों को रोपकर।

उनसे नहीं मिल पाती सूचना
प्रवासी पक्षियों की

मेरे खेत को त्यागकर खगों ने
बना लिया
कहीं और ठिकाना।
न जाने कितनी सूचनाओं ने
संवाद कर बनाया सेंसस
आवश्यक नहीं समझा बताना
घृणा कितनी बढ़ी इस दशक
और प्रेम कितना कम हुआ!

□

67
हाँ और न के बीच

हाँ और न के बीच बँटी
दुनिया
मैं सोच-सोचकर अधिक
मूर्च्छित हुआ।

मैं किस ओर हूँ
कुछ नहीं पता।
हाँ देता अधिक विश्वास
न जीवन से दूर करता
हाँ से मिलता अपेक्षा को पंख
न साँसों में विष घोलता।

न कोई हँसता हाँ चाहिए
न ही ना सा निराशा।
इन दोनों के मध्य
मैं मस्त हूँ संशय की
कुटिया सजा।

□

68
शब्दों का स्वेटर

शब्दों का स्वेटर
बुनता हूँ
सोचकर ठंड में बचाएगा
कड़कते शीत में
गरमाहट लाएगा।

एक बार जो पहन लिया
गरमी में भी निकालना
मुश्किल हुआ।

पता नहीं
किसी ऐसे स्वेटर को बुनना
गलत है या सही,
एक अप्रत्याशित मृत्यु की
ओर निमंत्रण से ज्यादा
कुछ भी नहीं।

□

69
निरर्थक

मेरे अंदर
भरा पड़ा है एक
निरर्थक स्टोर,
जहाँ मिलती हैं
सड़ी-गली सब्जियाँ
थोक में।

क्या जरूरी है
लोग यहीं आएँ?
क्या मजबूरी है
लोग कहीं और न जाएँ?

मैंने संवत् से बहुत पहले
डाल दी थीं
बेड़ियाँ सबके पाँव में।
लोग यहीं आसपास
रहेंगे।

□

70
मैं कब मारूँ उस दुर्योधन को

मैं कब मारूँ
उस दुर्योधन को
मेरी परछाईं
जो छिपता है।

कैसे वध हो
उस रावण का
जो रुकता,
जब मैं रुकता हूँ।

उस बाली का वध
हो जल्दी, जो
संग मेरे ही चलता है।

वध उस महिषासुर
का हो भीषण,
मेरे भीतर जो
पलता है।

हे माधव! वध शीघ्र
करो मैं
कंस का
ठाह-ठाह सा
हँसता है।

□

71

पछया हवा

एक बार सहसा
पछया हवा
दक्षिण से बहने लगी,
उत्तर के अवरोध सब
ढहने लगे।

फिर किसी ने
बताया,
एक प्रेमी के विरह को
सुदूर उत्तर तक
पहुँचाना है।

रिक्त रुदन ने
जब व्योम से
अग्नि बहाया,
पश्चिम की सर्द हवाओं
ने कृपा बरसाया।

पवन यों मार्ग
कभी-कभार ही

बदलता है,
जेठ में मल्हार
यदा-कदा ही
उमड़ता है।

□

72
ब्लैक होल

मेरे अंतर एक भीत में
है गहरा अँधेरा
इतनी कालिमा से भरा
ब्लैक होल जैसा
जो सुख का नीरा अंतिम
किरण तक सोख लेता।

इतना अधिक फैलकर
बैठ गया अंधकार,
जैसे अमावस में
काली पिचकारी मार दी हो।

इस छोटे से मन में
यह बोझ
आश्चर्य तो होता है,
पर शायद यही भारीपन
पृथ्वी के गुरुत्वाकर्षण से
जोड़े भी रखता है कसके।

□

73
कोलाहल

इतना कोलाहल क्यों है
मेरे घर के बाहर
कल तक तो यहाँ
सब ठीक सा था।

विहंग भी किरण देख ही
चहचहाते थे,
पेपरवाला भी समय से ही
अखबार पहुँचाता था।

अब किसी को भी
घड़ी का सम्मान
नहीं करना आता,
कॉल करते हैं
जब जिसे मन भाता।

मेरे पग काँपते हैं
चौखट लाँघने में
कहीं किसी शोर की आत्मा

मुझमें न समा जाए
और कहीं मैं भी न
बन जाऊँ
शोर का जोंबी!

मैं जहाँ तक देखता हूँ
शोर ही पाता हूँ,
शोर से ही प्यास मिटती है
शोर ही खाता हूँ।

अथक प्रयासों से
जब ये आवाजें न रुकें
नया प्लैनेट ही बना देना
और सब जीवों को
गूँगा बना देना।

□

74
भूख

चाँद अगर हथेली में भर जाता
अदहन को सूर्य की रोशनी में
खौला पाता
माँ को एक और बहाना मिल जाता
बच्चे चुप हो जाते
कुछ और देर तक
भरोसा लिये
भोजन दूर नहीं।
हर पग बिखरा अनंत मिथ्या,
पर एक सत्य है सीधा सा
भूखा व्यक्ति दुःखी रहता।

□

75
गुब्बारा

हाथ से गुब्बारा छूटता है
बच्चा लेता अनंत खुशी की फुहार
लहराता हवा में उड़-उड़कर
पहुँचता क्षितिज के पार

हवा के अभिनय से मेल खा
कभी जैसे स्थिर सा
दूर जाने की खुशी या भय
पर है लौट आने का आश्चर्य

एक नन्हे गुब्बारे को मिलता
अंतहीन गगन का संघर्ष अनघा
बच्चा अच्छी नींद सोएगा सोचकर
वह गुब्बारा कहाँ सोता होगा!

□

76
हताशा पर विजय

विपिन हताशाओं के हैं घन भयंकर
तमस के उजाले से डरकर निरंतर
छिपा मैं दुष्कर कंदराओं के भीतर
जहाँ तोड़ती साँस आशाएँ मधुकर

क्षितिज कालिमा है या बंद है नयन
प्रश्न अविजित मौन या कोलाहल
अँधेरे के उत्सव में सोता अनल है
तरंगों के भीतर है बैठा क्यों हलचल

गति की चिंता
है हरदम निरर्थक
सोकर या रोकर,
क्या है तरीका!
अनहद उल्लास
ध्येय सभी का।

भेद कर जटिलतम प्रश्नों के उत्तर
सहजता का सूरज अद्‌भुत रचाकर

आशा के दीप यों मद्धिम जलाकर
हूँ आश्वस्त मन के अंदर ही अंतर
ध्वस्त होंगे हताशाओं के खँडहर।

□

77
माँ

सब सत्य कड़वे नहीं होते
कुछ मीठे भी हो सकते हैं,
जैसे माँ सबसे अधिक
मुझसे प्रेम करती है।

हर जाड़े में मेरे लिए
एक नया स्वेटर बुनती है,
और हर बार सेब काटने पर
एक टुकड़ा मुझे अधिक देती है।

दशहरे में पुरानी साड़ी पहनकर
मुसकाती है स्नेह से
पर मेरे निराश होने से पूर्व
मेरे लिए नया बुशर्ट सील देती है।

खर्चे चाहे जितने हों
छिपाकर मेरी जेब में
आठ आने डाल देती है,
कितना भी महँगा हो गुड़
वर्षगाँठ पर खीर बना ही देती है।

सब सत्य कड़वे नहीं होते
कुछ मीठे भी हो सकते हैं,
जैसे माँ सबसे अधिक
मुझसे प्रेम करती है।

□

78
छोटा

ऐसा सुनते आ रहे
बड़ी चीजें देतीं अधिक आनंद
पर जैसा अनुभव किया
कम खाकर मैं ज्यादा जीया।

छोटे होने से भी, बड़ी खुशी मिलती है
जैसे दुनिया अगर छोटी हो जाए,
मन की दूरी थोड़ी सिमट जाए,
सोचो दिल्ली और इस्लामाबाद
कितने पास होंगे!

जैसे लखनऊ की बालकनी से
लाहौर के छत पर रखा अचार दिखेगा
मुंबई में मैच का
कराची से लोग करेंगे अभिवादन
काबुल की मिठाई
कोलकाता में सुगंध बिखेरेगी।

पैदल चलकर पेशावर जा पाएँगे
और दौड़कर कोई पटना आ जाएगा

एक छलाँग से क्वेटा में होंगे
और फानकर पहुँचेंगे कोहिमा
मैसूर की झाँकी जाएगी
मुल्तान तक
सियालकोट से शिमला
आएँगे लोग बेमौसम।

समाचारों के लिए टीवी नहीं देखना होगा,
बात करने के लिए
मोबाइल भी नहीं होगा जरूरी,
मिलने के लिए नहीं चाहिए होगा
कोई पूर्व निमंत्रण,
जब इच्छा निकलकर
मिल आएँगे,
और देर तक बतियाएँगे।

छोटा होना
कितनी अच्छी बात है,
सिमटा होना
कितनी प्यारी बात है।

□

79

प्रेम और विद्रोह

प्रेम और विद्रोह के इस कालखंड में
मुझे कोई नहीं अपनाएगा

न मैं प्रेम ढूँढ़ पाया
न किसी ने मुझे विद्रोही ही बना दिया

मैं सदा अकेला खड़ा रहा
प्रेम व विद्रोह को निहारता
एक संशय में हम तीनों
एक–दूसरे के लिए रास्ता खाली करते रहें

और यह आश्वस्त करते रहें
कुछ भी हो जाए, प्रतीक्षा बनी रहे।

□

80

कल एक वृक्ष कटा

कल एक वृक्ष कटा
आज एक कौए का बच्चा अधमरा पाया
कल एक नदी सुखी
घोंघे कई अनाथ हुए

कल एक हिरण मरा
आज बाघ बौखला गए
कल एक बम फूटा
घास जल सब राख हुए

कल मैं वृक्ष लगाऊँगा
कौए-घाघ घोंसले बनाएँगे
नदी कल बाँध तोड़ेगी
जलचर समस्त अघा जाएँगे

कल मेघदल फूटेंगे
घास फिर जन्म लेंगी
कल सियार रणभेरी फूँकेंगे
मनुष्य दुम दबाता छिपा होगा अकेला।

81
एक नन्हा सा स्वप्न है

एक नन्हा सा स्वप्न है
बिखरे बादल
सुनहरी पाखी
सँकरी घाटी में
अपरिमित गगन है
एक नन्हा सा स्वप्न है।

श्यामल हरीतिमा
हिम आच्छादित
तंग ढलानों में
फिसलती पवन है
एक नन्हा सा स्वप्न है।

छनती आभा
पुनः मिले न मिले
बदलते मौसम में
निरुत्तर प्रश्न है
एक नन्हा सा स्वप्न है।

□

82
प्रेम

प्रेम जेठ में धूप बनकर आया
मैं गमछे से ढका रहा

प्रेम आया सावन की वृष्टि बनकर
मैं छिपा रहा छाते के भीतर

अब जाकर ली मैंने प्रेम की सुध
मौसम बदल गया है
न जेठ है, न सावन।

□

83
जीवन

जीवन कुछ नहीं नॉस्टैल्जिक रेशा है
हम–आप स्मृतियों की तरलता में
बह रहे, बहते जा रहें निरंतर एक ओर
आकार बदलती प्रतिक्षण रेखांकियाँ
मन की झाँकियों में पक रहे बीते दिनों की कथाएँ

□

84
चैत में महुआ बीनते हुए...

चैत के भोर में महुआ चुनते हुए
सोचता हूँ कैसे बिकेगा महुआ फूल
इस बात पर कभी ध्यान नहीं रहता कि
कब और किसने रोपा होगा इस पेड़ को
महुआ का हमारे आसपास होना ऐसा ही है,
जैसे ऊपर व्योम है, घर के पीछे खेत है और
गाँव के बगल से बहती है पतली नदी,
बहते जिसे हमने केवल आषाढ़ में देखा है।

हमने जब भी देखा है, इसे इसी रूप में देखा है
बाबा ने भी विशालकाय महुआ की कहानी कही
ईसवी सन् 71 के अकाल में इसने बचाया था
मड़ुआ में महुआ मिलाकर सबने खाया था।

सभी पुष्प खिले, फिर मुरझाए
बसंत की कोलाहल शेष हुई
और सबसे अंत में महुआ मुसकाया
कठोरतम ताप में खिलना सबको कहाँ आता?

□

85
प्यारी गौरैया

प्यारी गौरैया!
चूँकि तुम्हारे लिए
हमारे घर व नगर में जगह नहीं
तुम चली जाओ कहीं और
यहाँ के शोर से कहीं दूर

लौटना तुम तब ही
लोग जब तुम्हारी प्रतीक्षा में उद्विग्न हो
तुम्हारे होने से, होने लगे
उन्हें अपने अस्तित्व का बोध।

□

86
सत्य विजय

सत्य सत्य की तरह नहीं दिखता
झूठ परंतु पूर्णतः झूठ दिखता है,
इस भ्रम से शिकार व्यक्ति
निरंतर प्रश्न करता है।

क्यों ? कैसे ? क्यों नहीं ?
पुराने विचार प्रौढ़ हो गए
जिन्हें त्यक्त करना ही बुद्धिमानी है।

दिन में एक रंग, एकरूपता है
रात की कालिमा भी सत्य है
पर इसकी असंख्य भंगिमा भी तो है।

सत्य है, झूठ की छाया बढ़ रही, बढ़ेगी
सत्य हर प्रतिबिंब से मुक्त लड़ रहा, लड़ेगा।

□

87

चैन कहाँ है?

मरुभूमि या हिमशिलाएँ
किस्से गोचर दंतकथाएँ
चैन कहाँ है ?

उड़ती तितली फूल जगाएँ
बहती नदियाँ बहती जाएँ
चैन कहाँ है ?

अचरज शंकित दसों दिशाएँ
सुबह-शाम में डूबा जाए
चैन कहाँ है ?

मेघ हँसाए, घाम रुलाए
क्या खाएँ व क्या उपजाएँ
चैन कहाँ है ?

□

88

केवल प्रार्थना में...

युद्धघोष और शांति-वार्त्ता के
मध्य
हमारी माँओं ने प्रार्थना करने को कहा
जो हमने की रात में यदा-कदा।
प्रार्थना की पृष्ठभूमि में थे विस्फोट
रुदन, चीख और चिल्लाहट
कभी रोष व्याप्त था, कहीं झल्लाहट।

चबूतरे पर श्वान भौं-भौं भौंकते रहें
कपास के फूल धूँ-धूँ लहकते रहें
अमावस में ग्रहण स्वाभाविक बन गया
व रणगीत लोरी।

सभ्य बस्तियों में गिद्धों ने कूच किया
हड्डियों में कुछ मज्जे शेष बचे
कदमों ने ली एक पग और पसारने की प्रेरणा
हमारी साँसों ने एक अधिक
श्वास लेने की हिम्मत।

गोलियों की धड़-धड़ की ध्वनि
सुई बन चुभती रहीं
किंतु उनके आवाज क्षण-क्षण
एक संतोष भरते रहे
कि हम जीवित हैं!

युद्धघोष और शांति-वार्त्ता के मध्य
हमने की अनवरत प्रार्थना,
अपितु प्रार्थना खोखली रही
लगा मानो किसी ने भी सुनी ही नहीं।

युद्धपोत और तोप में नहीं
आधुनिकतम अग्न्यास्त्रों में नहीं
मारक मिसाइलों में भी नहीं,
हमारी माँओं ने हमारा विश्वास बनाए रखा
केवल प्रार्थना में...

□

89

घर के मोह में

हम लौटते हैं घर
और पाते हैं उन्हें हमारी प्रतीक्षा में
चुन-चुनकर एकत्र किए क्षण
मिट्टी के कण जिनसे हम दूर रहे
जीवन की अनंत विवशता से
हमें कहाँ परहेज
किंतु उत्साह के
एक अंक पर ही मिले सबका संग।

स्नेह की नदी जो टूट-टूटकर
बहती है साल भर
किंतु एक बार ही बहे
पूरे धार से हम सबमें एक साथ
एक तरंग बनकर
हमारी प्रार्थनाएँ एक साथ उठे
एक स्वर में एक होकर
जिसमें हम दूसरों के लिए वर माँगें।

भूत के भार और
भविष्य की अनिश्चितता से हटकर
हम लौटते रहें उन घाटों पर अनवरत
प्रार्थनाओं में असंख्य संभावनाएँ लिये
और करते रहें प्रतिक्षा को स्थिर।

□

90

दिग्विजय से कोसों दूर

हमारी चिंताएँ सर्वव्याप्त रहीं
उतना ही स्वाभाविक रहा
हरि का हमें हर दुःख से बचाना
धूप, वृष्टि व चक्रवात का आना
जैसे परीक्षा ही हो जीवन की कसौटी
सो हमें स्वर्ग की कामना नहीं रही।

माधव ने हमें बस धान भर
बरखा के लिए आशान्वित रखा
नन्हे प्रयासों में ध्यानस्थ,
दिग्विजय से कोसों दूर।

□

91
प्राचीन या नवीन

एक प्राचीन नगर झिझकता है
आधुनिक बनने में
एक नगर नवीन
भुलाना चाहता सभी पुरातन चिह्न
ये सब दुविधा में हैं कि
वे क्या रहे और क्या नहीं!

□

92
प्रार्थना

भले हम
किसी की आशाओं में न हो।
हम हों हर प्रकार से
बहिष्कृत विकल्प।

हमारी प्रार्थना में किसी एक का भी होना
पृथ्वी पर प्रेम की संभावना
प्रबल बनाता है।

□

93
वृक्ष और नगर

वृक्ष को बढ़ते किसने देखा है ?
चुपचाप उठ खड़े होते हैं सारे-के-सारे
भीतर तक जड़ें जमाकर।

नगर को बढ़ते किसने नहीं देखा है ?
इतने चीत्कार कर फैलाया साम्राज्य
समस्त ग्राम खोदकर।

□

94
घर लौट सकूँ

हे ईश्वर!
हर दंड है स्वीकार तेरा
हर प्रकार के कष्ट देना

बस एक वर की इच्छा मेरी—
अपने घर लौट सकूँ,
किंचित् अधिक तो नहीं?

□

95
हार के उस पार

और जब यह तय था कि
अंततः तुम हार ही जाओगे
तो लड़े ही क्यों

हमारा लड़ना इसलिए महत्त्वपूर्ण हो जाता है
कि आँधियों के भय से दीपक जलना न भूले
सूर्य की तपिश से भयभीत
बीज सुषुप्त ही न रह जाए

हमें विजय की कोई होड़ न रही
पर रास्ता ही छोड़ देना कहाँ तक उचित है
हम आवाज न देते तो मान लिया जाता
कि हम निर्जीव हैं, निरीह भी

हमें लड़ना आवश्यक लगा, ताकि
चेतना जगी रहे सही राह की
कोई हमें रौंदे नहीं धूल समझकर
हमारी हड्डियाँ कोई साबुत ही न निगल ले

यह महत्त्वपूर्ण नहीं रहा कि
हम आजीवन असफल कहलाएँगे
कल कोई हमसे हमारा हालचाल नहीं पूछेगा
इस बात का होना तो तय था
तब से ही जब हमने तुम्हारा हठ अस्वीकार किया स्पष्ट शब्दों में
हम व्यापार नहीं समझते, थोड़ा सा भी नहीं
सो हमें घाटा ही मिलेगा
लाभ से क्या लाभ यह पता ही नहीं

अंततोगत्वा यह भी सत्य निकला
देखते-देखते तुम एक दिन हार जाओगे
तब तुम अपनी जीत पर लगाए सारे दाँव याद करोगे
हमारी इस हार को याद कर
सक्रोध होंगे अचंभित
किसी दौर में
हमारी हार ने तुम्हारी हार की गाथा गढ़ी थी।

□

96
तैंतालीस का अकाल

कहते थे बाबा, जो मिले खा लो
पर जो न मिले तो ?
अविश्वसनीय है न आज
विद्रोह कर देगी नई पीढ़ी
बैस्टिल का किला होगा ध्वस्त
1789 में रोटी के लिए हुआ था
आज होगा केक के लिए

पोटली में एक छटाँक चावल बचा है
दस जान निहार रहे तसली
अदहन की ताप उनके उदर सेंक रही, भीतर तक
यह विश्वास तो जगा ही रही
और एक दिन कट जाएगा।

सुना है तैंतालीस का अकाल था बड़ा भयावह
हर कोण पर केवल आह स्वर
जो बचे कृपावश
इस व्यर्थ की कविता से सुंदरतर
वे हमारे पुरखों के हाथ, जिसने
खेतों में धान रोपे।

□

97

इंद्रप्रस्थ के काश-पुष्प

गाहे–बगाहे काश–कुसुम
आश्विन में फल रहे
धूल में बढ़ रहे झींगुर
घाम से व्यथित हरसिंगार
तुलसी के बिरवे रंग बदल रहे

एक विशेष इच्छा लिये आया हूँ मैं
दो ऋतुओं के मध्य में
एक नई ऋतु जी लेना चाहता

स्नेहिल काश के पत्ते चबाने के बाद
संभव है, मुझमें पंख उग आए
माघ और पौष की उपेक्षा करते–करते
फागुन की मोहक भोर में हो मेरा आविर्भाव।

□□□